まちごとチャイナ

Zhejiang 007 Ningbojiucheng

寧波旧城

浙東の千年「波止場」

Asia City Guide Production

【白地図】寧波

CHINA
浙江省

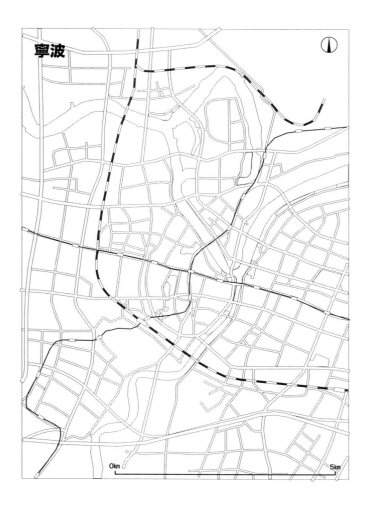
寧波 Ningbojiucheng 白地図

【白地図】旧城西部（月湖）

CHINA
浙江省

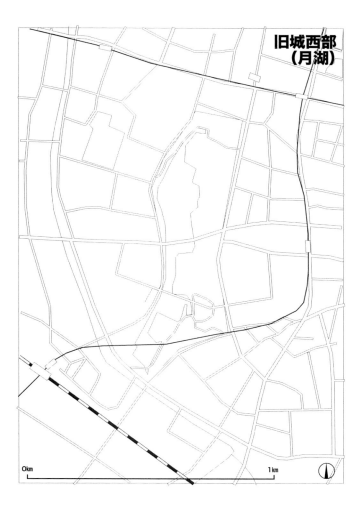

【白地図】天一閣

CHINA
浙江省

天一閣

Ningbojiucheng 白地図

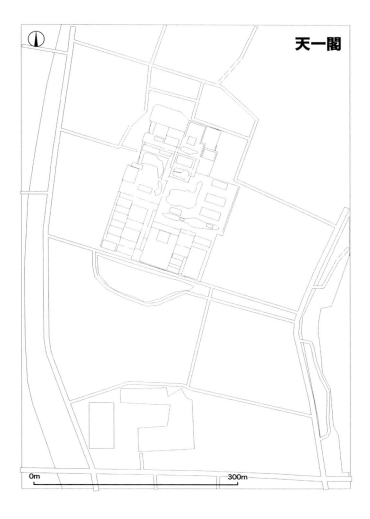

【白地図】旧城東部（天一広場）

CHINA
浙江省

旧城東部
（天一広場）

Ningbojiucheng

白地図

【白地図】城隍廟

CHINA
浙江省

【白地図】天一広場

CHINA
浙江省

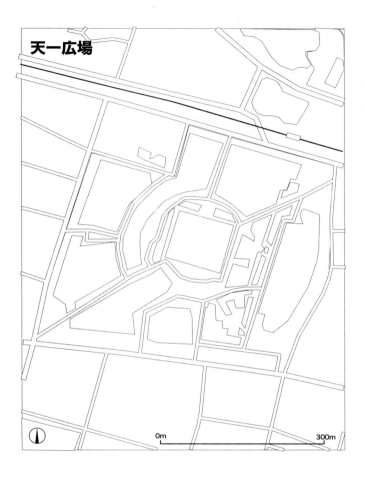

【白地図】旧城北部（鼓楼）

【白地図】鼓楼

CHINA
浙江省

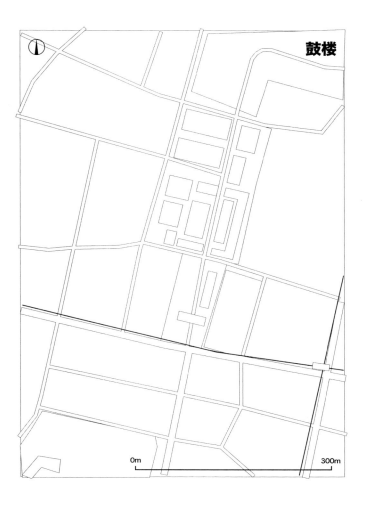

鼓楼

Ningbojiucheng

白地図

【白地図】江北（老外灘）

CHINA
浙江省

江北（老外灘）

【白地図】老外灘

CHINA
浙江省

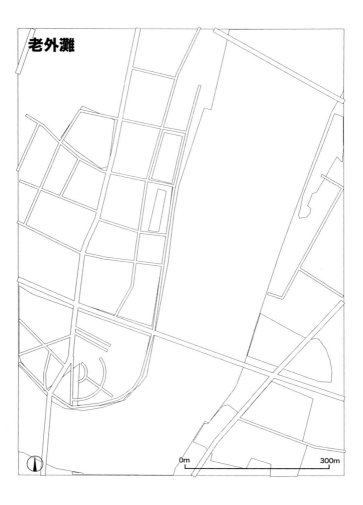

【白地図】江東（慶安会館）

CHINA
浙江省

【まちごとチャイナ】

浙江省 001 はじめての浙江省
浙江省 002 はじめての杭州
浙江省 003 西湖と山林杭州
浙江省 004 杭州旧城と開発区

CHINA
浙江省

浙江省 005 紹興
浙江省 006 はじめての寧波
浙江省 007 寧波旧城
浙江省 008 寧波郊外と開発区
浙江省 009 普陀山
浙江省 010 天台山
浙江省 011 温州

余姚江と奉化江の合流地点、甬江を通じて25km先の東海へ続く地の利をもつ寧波。北宋の999年に貿易事務を行なう市舶司がおかれた港町で、1381年、明の朱元璋によって「波寧らか」という意味で寧波と命名された。

この寧波は海流や立地の関係から、1000年に渡って日本の使節を受け入れる中国側の窓口となり、博多と寧波を結ぶ船が往来した。日本の平安末期、鎌倉、室町時代にかけて、最澄や空海、栄西、道元、雪舟といった人びとがこの街を訪れ、中国の文化、宗教、芸術は寧波から日本に伝わっている。

NingboJiucheng

寧波旧城

宁波旧城 níng bō jiù chéng Jiù chéng ニィンボオジウチャン

　港を通じて異世界の人やものに触れてきた寧波には、現存する「中国最古の図書館」天一閣、船乗りたちに信仰された媽祖をまつる慶安会館、西欧列強の進出した寧波外灘公園など豊富な遺構が残る。一方、20世紀末から再開発が進み、天一広場、鼓楼歩行街、城隍廟商城は多くの寧波人でにぎわい、老寧波と寧波のいまが交錯する。

【まちごとチャイナ】

浙江省 007 寧波旧城

目次

寧波旧城	xxiv
三江口そばの文教都市	xxx
旧城西部城市案内	xxxix
天一閣鑑賞案内	xlviii
旧城東部城市案内	lix
旧城北部城市案内	lxxxix
江北城市案内	cv
江東城市案内	cxix
室町遣明使と寧波の乱	cxxxiii

【MEMO】

【地図】寧波

【地図】寧波の [★★★]
- ☐ 天一閣 天一阁 ティエンイイガァ
- ☐ 天一広場 天一广场 ティエンイイグゥアンチャァン
- ☐ 鼓楼 鼓楼 グウロウ
- ☐ 寧波外灘公園 宁波老外滩公园 ニィンボオラオワイタンゴォンユゥエン

【地図】寧波の [★★☆]
- ☐ 月湖 月湖 ユエフウ
- ☐ 城隍廟 城隍庙 チャンフゥアンミャオ
- ☐ 慶安会館 庆安会馆 チィンアンフイグゥアン

【地図】寧波の [★☆☆]
- ☐ 中山公園 中山公园 チョンシャンゴォンユゥエン
- ☐ 寧波大劇院 宁波大剧院 ニィンボオダアジュウユゥエン
- ☐ 白雲荘 白云庄 バイユンチュゥアン
- ☐ 甬江 甬江 ヨォンジィアン
- ☐ 寧波南塘老街 宁波南塘老街 ニンボオナァンタァンラオジエ

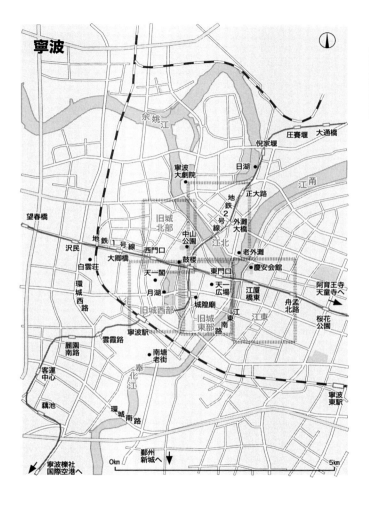

三江口そばの文教都市

CHINA
浙江省

3つの水路がY字型に交差する河辺
かつては楕円形の城壁がめぐらされ
浙東運河が杭州へと伸びていた

浙江屈指の寧波港

余姚江と奉化江の合流する三江口に開けた寧波港。北宋の999年、市舶司がおかれて以来、広州、泉州とともに中国を代表する港となった。寧波港は海流や風待ちのための環境、大型船の遡行できる川底の深い甬江といった港湾条件、浙東運河から江南に通じる立地条件に優れ、山東半島や朝鮮、日本との「北洋」、福建、広東や東南アジアの「南洋」の交差点となってきた（また1000年に渡って遣唐使や日宋貿易船、遣明使ら日本の使節や商人を受け入れる窓口だった）。元代、寧波から日本の博多へ向かって出港し、朝鮮半島南西で沈没

した新安沈船からは、800万枚、28トンもの銅銭が見つかっていて、貿易の規模が伺い知れる。現在の寧波港は河港、甬江をくだった鎮海港、鎮海に隣接する北侖の海港から構成されている。

寧波旧城の発展

春秋呉越の都がおかれた蘇州や紹興といった街に対して、江南の一地方都市という性格だった寧波。古く浙東地方は河川によって運ばれた土砂の堆積する湿地帯(平野)に過ぎなかったが、738年、東西に長い越州（紹興）の東半分がわかれ、

CHINA
浙江省

明州として独立した。当初、より上流の鄞江に行政府があり、821年、甬江から外港につながる三江口に街が遷された。その後、外城と霊橋門外の港がつくられ、寧波旧城では港に近い東側が商業街を形成した。続く南宋時代、多くの漢族が寧波に移住し、首都杭州の外港として中国を代表する港へと成長をとげた。寧波港は長らく霊橋門（東門）外におかれていたが、アヘン戦争後の1842年に寧波をはじめとする中国沿岸部5港の開港が決まると、江北に外国人居留地や西欧の銀行や商社、埠頭が整備された（ちょうど上海の上海旧城と外灘の関係にあたった）。現在はこの江北のほか、江東、南郊

Ningbojiucheng

三江口そばの文教都市

▲左　上海、蘇州、杭州とともに長江デルタ経済圏を構成する寧波。　▲右　天封塔と、防火対策と財力を示したうだつが見える

外の鄞州新城、東海に面した寧波経済技術開発区など、寧波郊外の都市化も進んでいる。

明州と日月湖

「寧波」という地名は、1381年、明の朱元璋に名づけられ、それ以前、この街は明州や慶元と呼ばれていた（王朝名の「明」の文字を避け、「波寧らか」を意味する寧波となった）。長らく日本でも親しまれた明州という古名は、街の南西郊外に位置する四明山に由来し、また南宋の寧宗が皇太子時代に明州観察使をつとめたことから、皇帝即位後の1196年、慶元府

【MEMO】

清朝末期の寧波旧城（20世紀初頭）

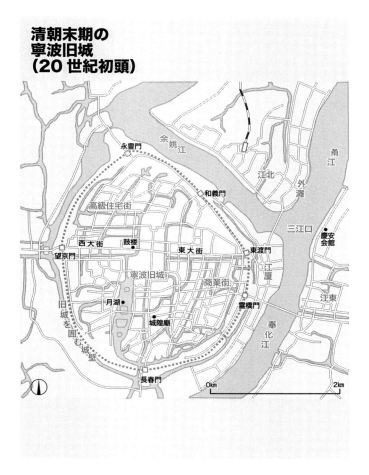

CHINA
浙江省

と名づけられた。かつて寧波旧城の南側には、巨大な湖がふたつあり、明州の「明」の字をわけて、東側を「日湖」、西側を「月湖」とした。日湖と月湖のほとりには書院がならび、官吏や文人の暮らす風光明媚の地と知られ、月湖は今でも残るが、日湖は縮小し、20世紀になってから消滅してしまった。

天井とうだつ

白の漆喰壁と、屋根にふかれた黒瓦、月湖から天一閣界隈にかけては昔ながらの寧波の街並みが残っている。華北の四合院に対し、江南の伝統民居は「天井（中庭）」を連続させる

▲左　中国最古の図書館天一閣が残る文教都市寧波。　▲右　天一広場のにぎわい

天井住宅と呼ばれる。この天井（中庭）は雨の多い江南の環境にあわせて設計され、四方から屋根が中庭に伸びている。天井（中庭）を連続させた住宅の奥には、ふだんは外出しない女性が暮らし、財産が保管された。また焼成レンガの塼を積みあげた厚い外壁に漆喰を塗り、ひとつの間と隣りの間には火事が飛び火しないように馬頭壁（うだつ）があげられている。階段状につくられた馬頭壁（うだつ）は、その家の富や格式の高さを象徴し、日本でも出世しないことを「うだつがあがらない」と言う。

【MEMO】

Guide,
Jiu Cheng Xi Fang
旧城西部
城市案内

四明山から流れる淡水を集める月湖
細湖、競渡湖、西湖などと呼ばれ
寧波旧城を代表する景勝地となってきた

月湖 月湖 yuè hú ユエフウ ［★★☆］

寧波旧城の南西部に広がる南北 1000m、東西 130m の細長いかたちをした月湖。古くは湿地帯だったところで、唐代の 636 年から開削がはじまり、その後、月湖をとり囲むように旧城城壁がめぐらされた。北宋の 1093 年、寧波が干ばつに襲われ、月湖の水がなくなったのを受けて、浚渫した泥土で島々がつくられた。時代はくだった明代の 1560 年、官吏の劉理が月湖を整備し、竹嶼洲、月島洲、菊花洲、花嶼洲、竹洲、柳汀洲、芳草洲、煙嶼洲、雪汀洲、芙蓉洲からなる十洲を定めた。月湖を代表する三堤七橋（3つの

【地図】旧城西部（月湖）

【地図】旧城西部（月湖）の [★★★]
- ☐ 天一閣 天一阁ティエンイイガァ
- ☐ 鼓楼 鼓楼グウロウ

【地図】旧城西部（月湖）の [★★☆]
- ☐ 月湖 月湖ユエフウ
- ☐ 寧波月湖景区 宁波月湖景区 ニィンボオユエフウジンチュウ
- ☐ 城隍廟 城隍庙チャンフゥアンミャオ
- ☐ 中山路 中山路チョンシャンルウ
- ☐ 鼓楼歩行街 鼓楼步行街グウロウブウシンジエ

【地図】旧城西部（月湖）の [★☆☆]
- ☐ 月湖清真寺 月湖清真寺ユエフウチンチェンスウ
- ☐ 桂井巷 桂井巷グイジンシィアン
- ☐ 霊応廟 灵应庙リンインミャオ
- ☐ 日湖遺址 日湖遗址リイフウイイチイ
- ☐ 天寧寺西塔 天宁寺西塔ティエンニィンスウシイタア

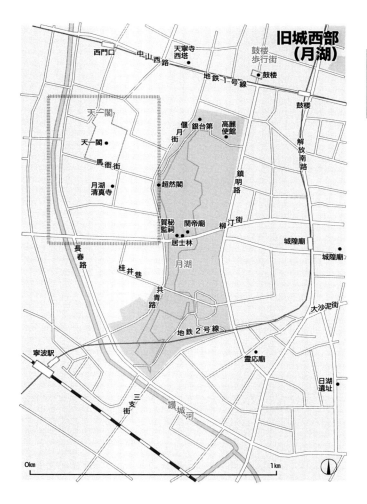

浙江省

堤防と7つの橋)を中心に、楼閣や亭が築かれ、人びとは船を浮かべて四季折々の自然を楽しんだ。南宋の宰相をつとめた史氏の時代から龍船による競争が行なわれたことでも知られ、行事ごとに開催される演劇を上演する水上戯台が立つなど、月湖は寧波文化の中心地となっていた(龍船競争は、明末清初以降、東銭湖で行なわれるようになった)。

寧波月湖景区 宁波月湖景区 níng bō yuè hú jǐng qū
ニィンボオユエフウジンチュウ [★★☆]

かつての月湖は今よりも広く、10の島が浮かび、官吏や

▲左　豊かな水をたたえる月湖。　▲右　月湖ほとりに立つ超然閣、屋根の四隅がそりあがっている

文人は月湖のほとりに書院や邸宅を構えていた。現在も残る「天一閣」は芙蓉洲の南端に位置し、寧波の仏僧が起居した「居士林」、宋代以来の「関帝廟」と唐代の官吏をまつる「賀秘監祠」が柳汀洲のうえに立つ。また月湖の北側には1117年に建てられた朝鮮使節のための迎賓館「高麗使館」、清朝官吏の邸宅「銀台第」、西側には清代の堂々としたたたずまいをもつ「超然閣」が位置する。寧波に到着した日本の遣明使が北京へ出発するための最初の駅「四明駅」は月湖上にあった。

CHINA
浙江省

月湖清真寺 月湖清真寺
yuè hú qīng zhēn sì ユエフウチンチェンスウ [★☆☆]

寧波のイスラム教徒が礼拝に訪れる月湖清真寺（モスク）。唐代からアラブやペルシャ商人は中国に進出し、杭州に都のあった南宋時代、香料、乳香、香油、薔薇水を扱う南海交易の担い手となった。もともとモスクは北宋時代から港のある三江口近くにあり、元代の寧波には一般のイスラム教徒のほか、イスラム学僧、通訳のイスラム教徒がいたという。このアラブやペルシャ人を遠い先祖とするのが白い帽子をかぶった回族で、イスラム教では「豚肉を口にしな

▲左　路地で骨董品を売る人びと。　▲右　寧波では古さと新しさが同居する

い」などの生活規定があるため、回族の人たちは集まって暮らしている。1699年以来、モスクは現在の月湖西側に遷され、焼成煉瓦の塼（せん）による外壁と四隅のそりあがった中国風の屋根をもつ。

桂井巷 桂井巷 guì jǐng xiàng グイジンシィアン ［★☆☆］
月湖西側、細い路地の両脇に高い壁が続いていく桂井巷。このあたりは古い寧波の面影を残す住宅がならぶ。寧波民居は、上塗りしない質素な壁、屋根瓦、屋根にあがる馬頭壁（うだつ）などを特徴とする。

CHINA
浙江省

霊応廟 灵应庙 líng yīng miào リンインミャオ [★☆☆]
古い街区を残す郁家巷界隈にたたずむ霊応廟。寧波でも有数の伝統をもつ道教廟で、唐代の669年に建立された。この廟には後漢末の鄞県官吏をつとめた鮑蓋がまつられ、死後、海賊討伐のおりに霊験を発揮したことから、寧波で「海の守り神」となった(阿育王寺近くの鄞県は、唐代に寧波ができる以前のこのあたりの中心)。

Guide, Tian Yi Ge
天一閣鑑賞案内

CHINA
浙江省

南宋時代から多くの文人や官吏が
暮らすようになった寧波
寧波文化の象徴とも言える蔵書楼天一閣

天一閣 天一阁 tiān yī gé ティエンイイガァ ［★★★］

天一閣は明代の官吏范欽が1561年に建てた個人蔵書楼で、現存するアジアでもっとも古い図書館と知られる。范欽は1532年に科挙に合格して地方官吏を歴任し、范欽から13代に渡って蔵書が天一閣に保存収集されてきた。古くは1395年の『洪武京城図志』にはじまって1642年の『呉県志』まで、地方誌、文学、思想、伝記の写本、拓本を中心に最盛期は7万あまりの蔵書をほこった。個人蔵書楼であったことから、盗難などの被害を受け、現在は公的機関による収集、保存体制がとられている。正門にあたる「秦氏支祠」、前面に池

を配する「天一閣(宝書楼)」、1933年に移築された寧波孔子廟の「尊経閣」、「東明草堂」といった建築が展開し、1994年からは天一閣博物館として開館している。

天一閣その由来

天一閣が建てられた当初、寧波月湖に浮かぶ10の島にちなんで「十洲閣」と名づけられたが、のちに「天一閣」へと変更された。中国には古くから陰陽思想や天人合一思想などがあり、天一とは「天一生水、地六成之(天一たび水を生ぜば、地六たびこれを成す)」という『易経』の注釈からとられて

【地図】天一閣

【地図】天一閣の［★★★］
- [ ] 天一閣 天一阁ティエンイイガァ

【地図】天一閣の［★★☆］
- [ ] 麻雀博物館 麻将博物馆マアジィアンボオウグゥアン
- [ ] 月湖 月湖ユエフウ
- [ ] 寧波月湖景区 宁波月湖景区 ニィンボオユエフウジンチュウ

【地図】天一閣の［★☆☆］
- [ ] 月湖清真寺 月湖清真寺ユエフウチンチェンスウ

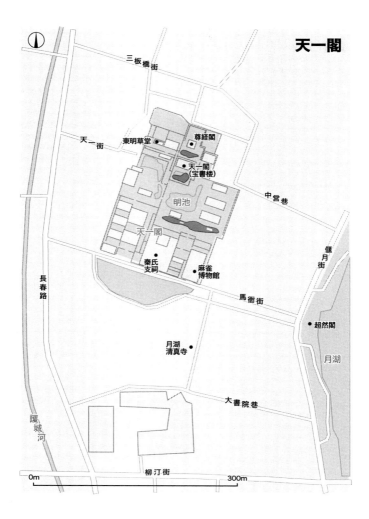

CHINA
浙江省

いる(また范欽が手に入れた『呉道士竜虎山天一池』の拓本に由来するともいう)。建物の前に池を配するなど、天一閣では紙の書物にとって天敵となる「火」と「水」への配慮がなされている。また天一閣の間数(6間)、梁や柱の幅や長さは書物を保存するために最適のつくりだと言われ、清朝乾隆帝は編纂した『四庫全書』をおさめる文淵閣などの楼閣は、すべてこの天一閣をまねてつくられた。

▲左　書物保存のために計算されつくしているという天一閣。　▲右　江南の造園技術が生かされている

麻雀博物館 麻将博物馆
má jiàng bó wù guǎn マアジィアンボオウウグゥアン[★★☆]

世界中のカードゲームや卓上型ゲームは中国を発祥とし、麻雀は紙の牌を使った唐代の「葉子戯」、牌や札をくみあわせる明代の「馬吊」をルーツとする。4人で雀卓を囲み、136の牌を組みあわせて競う麻雀は、運3割、実力7割と言われ、19世紀末から20世紀初頭に江南から中国全土に広がった。この近代麻雀は1860年代の寧波で生まれ、太平天国の軍、漁民の船遊びから生まれたという説が唱えられたが、現在は寧波蒋祠巷の郷紳陳魚門（陳政鑰）が考案者だとされる（陳

CHINA
浙江省

魚門は寧波で悠々自適の生活し、太平天国支配下の寧波でも重要な役まわりを果たした)。調度品づくりがさかんな蘇州や杭州では、さまざまな麻雀卓、象牙や陶器の麻雀牌がつくられ、明治時代の1909年、名川彦作が上海経由で日本に麻雀を伝えたという。明代の「馬吊(マーチャオ)」から「麻将(マージャン)」、また牌をかきまぜる音が雀の鳴き声に似ていることから、「麻雀(マージャン)」と呼ぶようになった。

▲左　雀卓を囲む人びと、麻雀は寧波で生まれた。　▲右　梁を重ねあわせた中国建築の様式が見える

寧波と大宰府を結ぶ碑文

天一閣の後院にあたる尊経閣の壁に残る3枚の石碑。日本に住む宋商人が故郷の寺に寄進したことを示す碑文で、「日本国太宰府」からはじまる1167年の碑文となっている。日宋貿易では博多と寧波を日中それぞれの窓口とし、宋商人は博多にチャイナタウンをつくって貿易に従事していた。中国から銅銭や陶磁器、絹織物が運ばれ、日本からは黄金、真珠、扇子、刀剣などが運ばれた。商人たちは交易で得た富を喜捨することで功徳を積み、また同様に栄西や重源といった日本僧は、寧波天童寺や阿育王寺に日本の木材を喜捨している。

CHINA
浙江省

花開いた浙東学術文化

南宋（1127 〜 1279 年）時代、華北を異民族に奪われたことで多くの漢族が南遷し、寧波の人口は急増した。これにともなって寧波や余姚、紹興といった街では、優れた学術文化が育まれ、宋代の朱子学の伝統が浙江東部でつむがれていった。三代に渡って皇帝につぐ権力者の宰相をつとめた史弥遠の史一族はじめ、寧波出身の官僚たちが南宋宮廷で活躍し、「紫衣を着ているのは、みな四明人（寧波人）である」と言われるほどだった。またこうした伝統は、科挙が廃止されたモンゴルの元代、文人たちを教師として迎える浙東の書院や教育

施設の義塾へと受け継がれた。明代になっても寧波は多くの科挙合格者を輩出し、王陽明、朱舜水、黄宗羲といった人物の活躍する学問と芸術の地となっていた。明清交替にあたって、「二君に仕えず」といった儒教の考えから、最後まで「反清復明」をかかげたのも浙東の地で、朱舜水はついに日本に亡命することになった。

Guide,
Jiu Cheng Dong Fang
旧城東部
城市案内

寧波旧城のシンボルタワー天封塔
にぎわいを見せる城隍廟界隈
新たな寧波の顔となった天一広場が位置する

城隍廟 城隍庙
chéng huáng miào チャンフゥアンミャオ [★★☆]

楕円形の城壁をめぐらせ、碁盤の目状のプランをもっていた寧波旧城。城隍廟はそのちょうど中心部に位置し、明代の1371年、朱元璋の命で建立された（モンゴル族を北に追いやった朱元璋は、漢族の伝統的な礼制改革を行なった）。高さ15m、幅25mの本殿には都市の守り神がまつられ、あたりには府学、郡廟などの教育施設もおかれていた。明清時代を通じて焼失と再建を繰り返し、清代の1884年に重修されて現在にいたる。城隍神は冥界をつかさどるとも言われ、道

【地図】旧城東部（天一広場）

【地図】旧城東部（天一広場）の［★★★］
- [ ] 天封塔 天封塔ティエンフェンタア
- [ ] 天一広場 天一广场ティエンイイグゥアンチャァン
- [ ] 鼓楼 鼓楼グウロウ
- [ ] 寧波外灘公園 宁波老外滩公园 ニィンボオラオワイタンゴォンユゥエン

【地図】旧城東部（天一広場）の［★★☆］
- [ ] 城隍廟 城隍庙チャンフゥアンミャオ
- [ ] 城隍廟商城 城隍庙商城 チャンフゥアンミャオシャンチャン
- [ ] 中山路 中山路チョンシャンルウ
- [ ] 江厦 江厦ジィアンシャア
- [ ] 江北天主教堂 江北天主教堂 ジィアンベイティエンチュウジャオタァン
- [ ] 慶安会館 庆安会馆チィンアンフイグゥアン

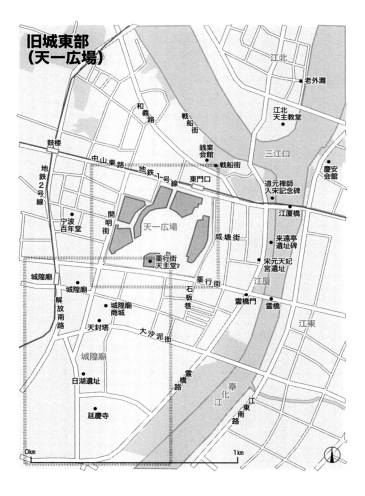

【地図】旧城東部（天一広場）

【地図】旧城東部（天一広場）の ［★☆☆］

- ☐ 日湖遺址 日湖遗址 リイフウイイチイ
- ☐ 延慶寺 延庆寺 ヤンチンスウ
- ☐ 薬行街 药行街 ヤオシンジエ
- ☐ 薬行街天主堂 药行街天主堂 ヤオシンジエティエンチュウタァン
- ☐ 石板巷 石板巷 シイバンシィアン
- ☐ 咸塘街 咸塘街 シィアンタァンジエ
- ☐ 寧波百年堂 宁波百年堂 ニィンボオバイニィエンタァン
- ☐ 銭業会館 钱业会馆 チィエンイイフイグゥアン
- ☐ 霊橋門 灵桥门 リンチャオメン
- ☐ 道元禅師入宋記念碑 道元禅师入宋纪念碑 ダオユゥエンチャンシイルウソォンジイニィエンベイ
- ☐ 霊橋 灵桥 リンチャオ
- ☐ 戦船街 战船街 チャンチゥアンジエ

【MEMO】

【地図】城隍廟

【地図】城隍廟の [★★★]
- [ ] 天封塔 天封塔ティエンフェンタア
- [ ] 天一広場 天一广场ティエンイイグゥアンチャァン

【地図】城隍廟の [★★☆]
- [ ] 城隍廟 城隍庙チャンフゥアンミャオ
- [ ] 城隍廟商城 城隍庙商城 チャンフゥアンミャオシャンチャン
- [ ] 月湖 月湖ユエフウ

【地図】城隍廟の [★☆☆]
- [ ] 日湖遺址 日湖遗址リイフウイイチイ
- [ ] 延慶寺 延庆寺ヤンチンスウ
- [ ] 薬行街 药行街ヤオシンジエ
- [ ] 薬行街天主堂 药行街天主堂 ヤオシンジエティエンチュウタァン
- [ ] 霊応廟 灵应庙リンインミャオ

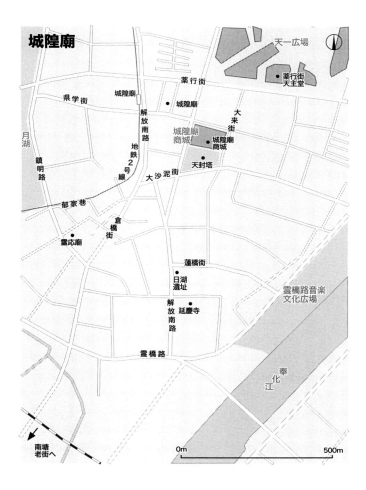

旧城東部城市案内

教寺院の城隍廟、近くの仏教寺院の延慶寺とともにこのあたりは寧波の宗教センターとなっていた。

城隍廟商城 城隍庙商城 chéng huáng miào shāng chéng チャンフゥアンミャオシャンチャン ［★★☆］

城隍廟では行事ごとに縁日が開かれ、人びとの集まるにぎわいの場となってきた。城隍廟の周囲は城隍廟商城として整備され、小吃店や衣料店など多くの店舗が入居する。中国各地にある城隍廟商城のなかでも、寧波のものは有数の規模をもつ。

▲左 明代から続く城隍廟の商城。 ▲右 寧波旧城のシンボル天封塔がそびえる

天封塔 天封塔 tiān fēng tǎ ティエンフェンタア ［★★★］

寧波旧城の中心にそびえる高さ 18m、六角七層の天封塔。かつては十三層で 51m の高さを誇り、寧波港からも見える灯台（シンボル）の役割を果たしていた。天封塔という名前は、唐代の 695 年に創建されたときの年号が「天冊万歳」から「万歳登封」（695 〜 696 年）だったことにちなみ、唐塔とも呼ばれる（当時、都長安には則天武后がいた）。なんども破壊をこうむり、1330 年に再建され、その後、1957 年にも改修されている。中国では塔を筆に、湖を硯に見立てることがあり、天封塔は日月湖とともに寧波を訪れた多くの日本人が記

録を残している。

日湖遺址 日湖遗址 rì hú yí zhǐ リイフウイイチイ ［★☆☆］
長いあいだ月湖とともに寧波を代表する湖として知られていた日湖。明州の「明」の字を「日」と「月」にわけ、東側の小さい湖を「日湖」と言ったが、現在、日湖は消滅し、日湖遺址が立つ。明代、周囲800mほどだった日湖のほとりには仏教寺院や黄宗羲の証人書院、南湖詩社（街の南にあるから南湖）など文京の場が多かったが、清末には堆積物でふさがるようになり、1957年に埋め立てられた。日湖に浮かぶ蓬

▲左 寧波の伝統建築が店舗に利用されている。　▲右　日月湖のほとりには多くの文人が邸宅を構えた

心島に立っていたのが延慶寺で、近くを走る蓮橋街は日湖にかかっていた採蓮橋に由来する。江北に新たに整備された日湖は、名前は同じだが、この歴史的日湖とは関係はない。

延慶寺 延庆寺 yán qìng sì ヤンチンスウ ［★☆☆］

仏教による鎮護国家の方針をとっていた呉越国時代の953年に創建された延慶寺。当初、報恩院と呼ばれていたが、宋代の1010年に延慶院という名前になり、寧波を代表する天台浄土教の寺院と知られていた。天台宗「中興の祖」知礼（960～1028年）が住持し、日本の源信が教義に関する質問書を

CHINA
浙江省

この寺に送ったという記録も残る(中国天台宗は一時、衰退したが北宋代、再び復興した)。当時の延慶寺は1万人もの僧俗の信者を抱える念仏結社の拠点となり、延慶寺の阿弥陀浄土信仰は日本の浄土教に影響をあたえたという。明の永楽帝(在位1402～1424年)時代にも、天下講宗五山第2位の地位をもっていたが、現在は廃寺となり、延慶寺から分離した観宗講寺が隣に残っている。

Ningbojiucheng 旧城東部城市案内

日本に伝えられた寧波仏画

宋元（10〜14世紀）時代、延慶寺や霊橋門界隈に工房を構えた仏画師たちの手による寧波仏画。極楽浄土の描かれた「阿弥陀浄土図」、冥界の審判者を描いた「十王図」、仏僧の「肖像画」など、寧波で信仰されていた内容を中心とする。これら寧波仏画は赤、青、緑といった鮮やかな配色を特徴とし、なかには浙江で宋代ごろまで残っていたマニ教のものも見られるという。中国から日本へ帰る仏僧や商人が港町寧波で書籍、陶磁器、絵画などを買い求め、中国ではほとんど残っていないが、日本の寺院で保管され、現在に受け継がれている。

【地図】天一広場

【地図】天一広場の [★★★]
- [ ] 天一広場 天一广场 ティエンイイグゥアンチャァン

【地図】天一広場の [★★☆]
- [ ] 中山路 中山路 チョンシャンルウ
- [ ] 城隍廟商城 城隍庙商城 チャンフゥアンミャオシャンチャン

【地図】天一広場の [★☆☆]
- [ ] 薬行街 药行街 ヤオシンジエ
- [ ] 薬行街天主堂 药行街天主堂 ヤオシンジエティエンチュウタァン
- [ ] 石板巷 石板巷 シイバンシィアン
- [ ] 銭業会館 钱业会馆 チィエンイイフイグゥアン

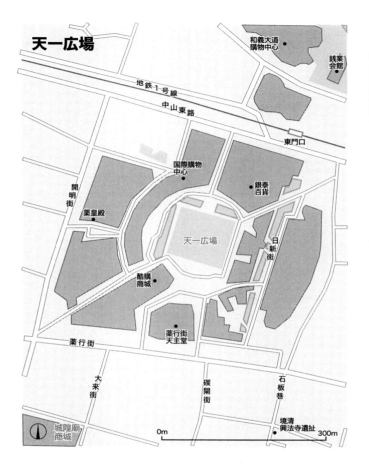

CHINA
浙江省

天一広場 天一广场
tiān yī guǎng chǎng ティエンイイグゥアンチャァン[★★★]

中山路と開明街の交わる寧波中心部に広がる天一広場。21世紀を迎えてから、ビジネス、娯楽、ファッション、フードの新たな発信地として整備された。噴水のある巨大な円形広場の周囲に国際購物中心、銀泰百貨、キリスト教堂はじめ店舗がずらりとならび、1日じゅう多くの人が行き交う。人通りは夜遅くまで絶えず、夜はライトアップされる。

▲左　寧波を代表する商業施設の天一広場。　▲右　夜の天一広場、有名ブランドも多く入居する

海辺で育まれた寧波料理

東海でとれる新鮮な海魚、蟹といった魚介料理、米料理を中心に、しっかりと塩で味つける寧波料理。彩溜黄魚（きぐちの焼き魚）、苔菜小方焼（海苔のあぶりもの）、火臆金鶏（チキンの丸焼き）、鍋焼河鰻（うなぎの鍋焼き）が寧波料理の代表格として知られる。また粒子が細かくなるまでこねたもち米のなかに餡の入った湯圓（タンユゥエン）は寧波名物となっている（上元節に、寧波人が家族団欒で食べる）。寧波料理は街の古名をとって「甬菜」とも言い、近代以降、多くの寧波人が上海に進出したことから、上海では「甬帮菜」と

も呼ばれる。

中山路 中山路 zhōng shān lù チョンシャンルウ ［★★☆］
寧波旧城を東西に結ぶ大動脈で、寧波随一のにぎわいを見せる中山路。寧波旧城の中心にあたる鼓楼から江東に向かって走る中山東路、鼓楼から旧城西門へ走る中山西路からなる。天一広場、鼓楼歩行街といった寧波有数の商業圏を結び、近くには和義大道購物中心などの大型店舗も立つ。

薬行街 药行街 yào xíng jiē ヤオシンジエ［★☆☆］

かつて寧波港がおかれていた霊橋門外から、旧城中心部の城隍廟へ向かって伸びる薬行街。薬行街という地名は清末このあたりに漢方を扱う商店が店を構えていたことにちなみ、近くの天一広場には薬商人たちに信仰された薬皇殿も残る（「行」とは商いのことで、銀を扱う銀行などで言葉が残っている）。現在は舗装整備され、銀行や劇場、大型商店が立ちならぶ。

浙江省

薬行街天主堂 药行街天主堂 yào xíng jiē tiān zhǔ táng
ヤオシンジエティエンチュウタァン [★☆☆]

清朝初期の1701年、フランス人チャールズ（利聖学）、ゴレット（郭中伝）が寧波でキリスト教の布教をはじめた場所に立つ薬行街天主堂。この地に小さなローマ・カトリック教会と家が建てられたが、まもなくして康熙帝の禁教令で、宣教師たちはマカオに退去させられた。アヘン戦争後の開港を受けた1846年、フランス人フランシス（顧方済）がこの場所に教会を再建し、1866年に完成した。現在の教会は2000年に建てられたもので、高さ66mのふたつの鐘楼がそびえる堂々

▲左　寧波キリスト教揺籃の地に立つ薬行街天主堂。　▲右　寧波料理の豆ごはん

とした威容を見せている。

石板巷 石板巷 shí bǎn xiàng シイバンシィアン ［★☆☆］

1000年の歩みを続けてきた港町寧波の街角石板巷。寧波港に近い立地から、商人、職人が多く暮らし、宋元時代には近くにペルシャ人居留区もあったという。また日本から派遣された遣明使は、霊橋門から寧波旧城に入り、石板巷の嘉賓堂に宿泊した。1523年、嘉賓堂は寧波の乱の舞台となり、現在は境清興法寺遺扯の碑が残る（境清興法寺のあった場所に、日本人の宿泊する嘉賓堂が移設された）。

CHINA
浙江省

咸塘街 咸塘街 xián táng jiē シィアンタァンジエ ［★☆☆］

天一広場の東側、三江口近くを走る咸塘街。かつてはこのあたりに海の守り神をまつる海神廟や市場があり、港町の雰囲気を残す界隈だった（寧波港により近い旧城東部がにぎわっていた）。現在は再開発が進み、高層建築、大型建築が林立している。

寧波百年堂 宁波百年堂 níng bō bǎi nián táng
ニィンボオバイニィエンタァン ［★☆☆］

寧波百年堂（Centennial Church）はプロテスタントのイギリス聖公会。アヘン戦争後の 1848 年、天一広場界隈の竹林巷でコルバルド（戈伯）とルセル（禄賜）が布教をはじめ、西欧医学や科学、新聞や出版の文化も寧波に伝播した（アメリカのキリスト教会が寧波で開いた学校はのちに杭州の浙江大学のもととなった）。寧波百年堂は寧波での布教 100 週年を記念して建設され、1950 年に完成した。

CHINA
浙江省

銭業会館 钱业会馆
qián yè huì guǎn チィエンイイフイグゥアン [★☆☆]

近代銀行が成立する以前の、中国の旧式銀行を銭荘という(銭荘は無限責任、銀行は有限責任)。南洋の物資と北洋の物資の集まる寧波港では、18世紀末から商品売買に現金を使わず、通帳をもちいる銭荘が活躍していた。太平天国の乱のおさまった1864年以後、麻雀の発明者陳政鑰らの主導する銭荘が江厦にいくつもならび、商いをより便利、安全に行なうため、同業会館(公署)がつくられた。銭業会館は、このときの江厦の同業会館をはじまりとし、現在の建物は1926年

▲左　中世の日本人もここを訪れた、寧波港。　▲右　中山路あたりには大型店舗がずらりとならぶ

に建てられた。寧波人による銭業はギルド的性格をもち、上海に進出した外国商社と中国人のあいだに立つ買弁となりながら、中国経済をにぎる浙江財閥へと成長をとげた。

霊橋門 灵桥门 líng qiáo mén リンチャオメン ［★☆☆］

三江口にあった寧波港に面する霊橋門（東門）は、東海からこの街を訪れる者にとっての正門にあたった。霊橋門とそのすぐ北の東渡門界隈には埠頭や造船所がならび、遣唐使や遣明使もここから寧波旧城に入り、霊橋門を出て日本へ帰っていった（遣明使のひとり雪舟はこの霊橋門の様子を『唐山勝

CHINA
浙江省

景画稿』で描いている)。現在は城門城壁ともに撤去されているが、霊橋門近くの東門口貿易港遺跡からは宋代の海洋船や陶磁器が出土している。

江厦 江厦 jiāng shà ジィアンシャア ［★★☆］
寧波旧城外の東側、三江口から奉化江沿いに続く波止場を江厦と呼ぶ。古くから寧波と各地を往来する埠頭がおかれていた場所で、江厦という名前は、かつてこのあたりにあった江厦寺に由来する。近代以前はイギリスやフランス商人、港湾労働に従事する労働者、そろばんをはじく寧波商人たちの姿

旧城東部城市案内 Ningbojiucheng

があり、茶館、倉庫などが集まってにぎわいを見せていた。現在は江厦公園として整備され、宋代、旅人を迎えた来遠亭遺址碑、道元禅師入宋記念碑、宋元天妃宮遺址が位置する。

道元禅師入宋記念碑 道元禅师入宋纪念碑
dào yuán chán shī rù sòng jì niàn bēi
ダオユゥエンチャンシイルウソォンジイニィエンベイ［★☆☆］

寧波天童寺で修行し、日本で曹洞宗を開いた道元（1200〜53年）が入港したという場所に立つ道元禅師入宋記念碑。1223年、寧波に着いた24歳の道元は上陸許可が降りず、船

CHINA
浙江省

のなかにとどまっていた。そのとき阿育王寺の 61 歳の老僧がそばのだし汁に使う日本のしいたけを買い求めにきた。道元は食事を勧め「何かお話を願えないか？」と尋ねたが、老僧は「明日の食事に支障をきたすからダメだ」と答えた。「ほかの者にやってもらえればいいのでは？」と道元は返したが、老僧は「（食事係は）自分にあたえられたつとめ」「（道元は）まだ修行というものをわかっていないようだ」と続けた（道元は天童寺でも、杖をつきながら、炎天下でキノコをほす 68 歳の老僧とも、同様のやりとりをしている）。道元は入宋直後に、坐禅や経典ではない中国仏教僧の姿勢にふれること

になった。この道元禅師入宋記念碑は 1998 年、日本の曹洞宗永平寺によって建てられた。

霊橋 灵桥 líng qiáo リンチャオ ［★☆☆］
奉化江にかかり、寧波旧城と江東を結ぶ霊橋。このあたりは宋元時代から寧波港があった場所で、当時は船を連続して浮かべる浮き橋（東津浮橋）の姿だった。1936 年、巨大なアーチから橋をつる全長 132m の橋がかけられ、橋のうえを車や人が行き交っている。

Guide,
Jiu Cheng Bei Fang
旧城北部
城市案内

寧波旧城の中心に立つ鼓楼
ここから奥はさらに城壁で囲まれた子城（内城）
だったところで、寧波の心臓部にあたった

鼓楼 鼓楼 gǔ lóu グウロウ ［★★★］

太鼓を打って街中にときを知らせる役割を果たしていた高さ28mの鼓楼。唐代の821年、寧波旧城が造営されたときの城壁を残し、高さ8mの城壁のうえに三層の楼閣が立つ。さらにそのうえに1930年になって加えられた時計塔を載せる特異な外観をもつ。古くはこの建物が、内城と外城を結ぶ門となっていて、城壁で囲まれた鼓楼奥の内城（子城）には行政府や官吏の邸宅があり、外城では庶民が暮らした。唐の杜審言が詠んだ「雲霞出海曙」にちなんで、明代の1585年、海曙楼と名づけられた。

【地図】旧城北部（鼓楼）

【地図】旧城北部（鼓楼）の ［★★★］
- [ ] 鼓楼 鼓楼 グウロウ
- [ ] 天一閣 天一阁 ティエンイイガア
- [ ] 天一広場 天一广场 ティエンイイグゥアンチャァン

【地図】旧城北部（鼓楼）の ［★★☆］
- [ ] 鼓楼歩行街 鼓楼步行街 グウロウブウシンジエ
- [ ] 月湖 月湖 ユエフウ

【地図】旧城北部（鼓楼）の ［★☆☆］
- [ ] 天寧寺西塔 天宁寺西塔 ティエンニィンスウシイタア
- [ ] 永寿街 永寿街 ヨンショウジエ
- [ ] 中山公園 中山公园 チョンシャンゴォンユゥエン
- [ ] 戦船街 战船街 チャンチゥアンジエ
- [ ] 寧波大劇院 宁波大剧院 ニィンボオダアジュウユゥエン

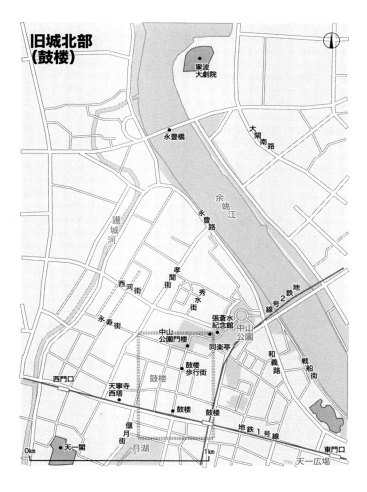

旧城北部城市案内 Ningbojiucheng

【地図】鼓楼

【地図】鼓楼の [★★★]
- [ ] 鼓楼 鼓楼グウロウ

【地図】鼓楼の [★★☆]
- [ ] 鼓楼歩行街 鼓楼歩行街グウロウブウシンジエ
- [ ] 月湖 月湖ユエフウ

【地図】鼓楼の [★☆☆]
- [ ] 永豊庫遺跡公園 永丰库遗址公园 ヨンフェンクウイイチイゴォンユゥエン
- [ ] 天寧寺西塔 天宁寺西塔 ティエンニィンスウシイタア
- [ ] 永寿街 永寿街ヨンショウジエ
- [ ] 中山公園 中山公园チョンシャンゴォンユゥエン

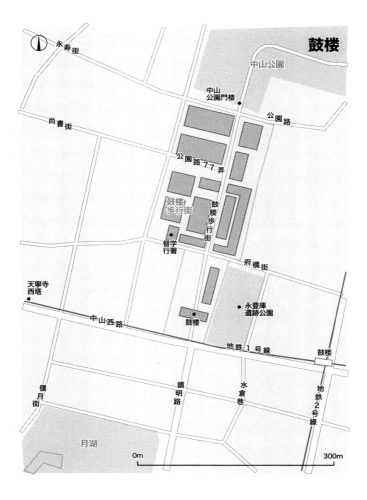

鼓楼歩行街 鼓楼步行街
gǔ lóu bù xíng jiē グウロウブウシンジエ [★★☆]

鼓楼から中山公園にいたる一帯は鼓楼歩行街として整備されている。唐代の821年に寧波がつくられてから街の中心だったところで、1998年、寧波の明清時代を思わせる街並みが再現された。小吃、ファッション、雑貨を扱う店舗がずらりとならび、天一広場、城隍廟とともに寧波の代表的な商業地区となっている。敷地内には官吏が勤務した衙署、学校のおかれた督学行署跡も見られる。

▲左　唐代以来の伝統をもつ鼓楼。　▲右　明清時代を思わせる街並みが再現された鼓楼歩行街

永豊庫遺跡公園 永丰库遗址公园 yǒng fēng kù yí zhǐ gōng yuán ヨンフェンクウイイチイゴォンユゥエン［★☆☆］

鼓楼の東側に残る永豊庫遺跡公園。宋元代を通じて寧波の倉庫だったところで、元代の穀米や陶磁器、井戸が発掘された（宋代にも穀物を貯蔵する常平倉があった）。この永豊庫に集められた物資は交易用となったり、飢饉が起こったときに人びとに開放されるなどした。

浙江省

天寧寺西塔 天宁寺西塔
tiān níng sì xī tǎ ティエンニィンスウシイタア [★☆☆]

天寧寺は唐代の851年に創建され、863年に東西に建てられた塔のうち、西塔のみが現存する。創建当初は国寧寺と呼ばれ、1137年に天寧報恩寺となり、宋元時代、焼失と再建を繰り返した。明代の1372年、この天寧寺に住持する仲猷祖闡と金陵瓦官教寺の無逸克勤が、「倭寇とり締まり」を求める明の朱元璋の使節として日本の博多に来航している。また寧波を訪れた日本の遣明使は1200人もの大船団であったことから、嘉賓館に泊まりきれない使節は天寧寺に分宿した。

▲左 「四明」の文字が見える、四明とは寧波のこと。　▲右 鼓楼歩行街の料理店、安くておいしい

現在は廃寺となっている。

永寿街 永寿街 yǒng shòu jiē ヨンショウジエ ［★☆☆］

明清時代、寧波の官吏や郷紳が邸宅を構え、儒学や経学など浙東学術文化の中心地となっていた永寿街。永寿街界隈は旧城のなかでも少し海抜が高く、西から流れてきた水を一番に入手できる立地だった。名門氏族の邸宅、明清時代の官公庁、蔵書楼はじめ、白の漆喰壁、黒の屋根瓦といった寧波の伝統的な街並みが残り、現在は保存区となっている。

浙江省

中山公園 中山公园 zhōng shān gōng yuán
チョンシャンゴォンユュエン ［★☆☆］

現在、中山公園として整備されている一帯は、唐代の821年に街ができたころから、寧波行政の中心地だった。「中山公園門楼」からなかに入ると、明清交替期、魯王朱以海を擁立して紹興で明を再興しようとした張蒼水（張煌言）に関する「張蒼水紀念館」、「同楽亭」といった建物が見られる。またこの中山公園の地に、1355年、台州から北上して寧波を占領した方国珍元帥府があり、その邸宅は1405年に日本の遣明使などを管理する安遠駅に転用された。蒋介石が実権をに

ぎった国民政府時代の1929年に現在の姿となり、この公園の北西側の「秀水街」にも清朝から中華民国時代の邸宅が残っている。

戦船街 战船街 zhàn chuán jiē チャンチゥアンジエ［★☆☆］
三江口から余姚江にそって続く戦船街。戦船街という名前は、宋元時代にこの波止場で軍船をつくっていた名残だとされ、当時の寧波は中国でも最高水準の造船技術をもっていた。1281年の元寇弘安の役では江南軍10万、3500艘の大船団が、寧波から日本の壱岐へと向かっている（文永の役は高麗軍が

CHINA
浙江省

中心だったが、元が南宋を攻略したあとの弘安の役では江南軍が主力となった)。またこの戦船街に並行して和義路が走り、船着場のあった和義路遺跡からは大量の陶磁器、龍船が出土している。

余姚江と浙東運河

寧波西部の四明湖から余姚を流れ、寧波で奉化江と合流する余姚江。この川のほとりに紀元前5000年ごろの河姆渡遺跡が位置するほか、寧波と紹興、杭州方面を結ぶ浙東運河として利用されてきた(浙東運河は京杭大運河の延長線という性

▲左　寧波旧城北に立つ寧波大劇院。　▲右　中山公園に残る同楽亭、開放的な建物

格をもち、入宋仏僧や遣明使はこの流れをさかのぼって上京した)。神話上の王、舜の伝説が残ることから、舜江、舜水とも言い、日本に亡命した余姚出身の明の遺民朱舜水の名前はこの川にちなむ。

寧波大劇院 宁波大剧院
níng bō dà jù yuàn ニィンボオダアジュウユゥエン[★☆☆]

寧波から余姚江をさかのぼった場所に立つ貝のかたちをした寧波大劇院。1500席の大劇場と800席の多機能ホールをそなえた巨大な劇場は2004年に完成し、クラシックコンサー

CHINA
浙江省

ト、越劇や甬劇、国際会議などが開催される。『紅楼夢』『覇王別姫』といった広く中国で知られた劇から、浙江省東部に伝わる『梁山伯と祝英台』、民間伝承の『田螺娘』なども演じられる。

白雲荘 白云庄 bái yún zhuāng バイユンチュゥアン [★☆☆]
寧波を代表する氏族の万氏一族の別荘と墓地で、学術文化の発信地となってきた白雲荘。万氏一族が寧波に移住してきたのは明代の1395年のことで、朱元璋の幕間で活躍した明開国の功臣万斌を父にもつことから、その子万鐘は寧波で要職

旧城北部城市案内 Ningbojiucheng

があたえられた。明末、万鐘子孫の万邦孚が晩年に祖先をまつる祠院と墓を建て、一族の子どもたちはここ白雲荘で学問にはげんだ。万氏一族が文人を保護したこともあって、白雲荘は浙東学術文化の拠点となり、明を代表する学者の王陽明、黄宗羲らが「証人之会」「講経会」といった講義を行なっている（黄宗羲が「甬上証人書院」を開いた）。また明清交替期、万泰は黄宗羲とともに異民族の清朝支配に抵抗し、寧波、余姚はその拠点となった。

Guide, Jiang Bei
江北 城市案内

1842年、アヘン戦争に敗れた清朝は
香港島を割譲、寧波・上海など5港を開港し
近代産業、西欧文化が中国に流入するようになった

寧波外灘公園 宁波老外滩公园 níng bō lǎo wài tān gōng yuán
ニィンポオラオワイタンゴォンユゥエン［★★★］

三江口の北西側、江北（余姚江の北）に広がる寧波外灘公園。アヘン戦争後に開港された寧波にあって、西欧列強が領事館や銀行、商社をおいたところで、外灘とは「外国人の岸」を意味する。1844年から領事館を開いたイギリス、続いてフランス、アメリカなどが進出して西欧風の石づくり建築が建てられていった。中国側からすれば寧波旧城から川をへだてることで、西欧人を隔離する狙いがあり、西欧人側からはより海に近い甬江沿いの場所を確保する狙いがあった（同時期、

【地図】江北（老外灘）

【地図】江北（老外灘）の ［★★★］
- [ ] 寧波外灘公園 宁波老外滩公园 ニィンボオラオワイタンゴォンユゥエン
- [ ] 天一広場 天一广场 ティエンイイグゥアンチャァン
- [ ] 鼓楼 鼓楼 グウロウ

【地図】江北（老外灘）の ［★★☆］
- [ ] 江北天主教堂 江北天主教堂 ジィアンベイティエンチュウジャオタァン
- [ ] 三江口 三江口 サァンジィアンコォウ
- [ ] 慶安会館 庆安会馆 チィンアンフイグゥアン
- [ ] 中山路 中山路 チョンシャンルウ
- [ ] 城隍廟商城 城隍庙商城 チャンフゥアンミャオシャンチャン
- [ ] 江廈 江厦 ジィアンシァア

【地図】江北（老外灘）の ［★☆☆］
- [ ] 甬江 甬江 ヨォンジィアン
- [ ] 浙海関旧址博物館 浙海关旧址博物馆 チャアハァイグゥアンジウチイボオウグゥアン
- [ ] 薬行街 药行街 ヤオシンジエ
- [ ] 薬行街天主堂 药行街天主堂 ヤオシンジエティエンチュウタァン
- [ ] 霊橋 灵桥 リンチャオ
- [ ] 戦船街 战船街 チャンチゥアンジエ

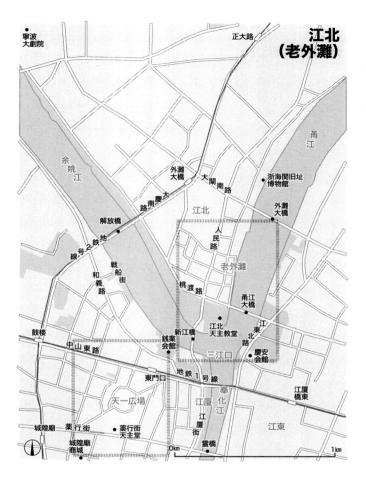

【地図】老外灘

【地図】老外灘の [★★★]
- [ ] 寧波外灘公園 宁波老外滩公园 ニィンボオラオワイタンゴォンユゥエン

【地図】老外灘の [★★☆]
- [ ] 江北天主堂 江北天主教堂 ジィアンベイティエンチュウジャオタァン
- [ ] 三江口 三江口サァンジィアンコォウ
- [ ] 慶安会館 庆安会馆チィンアンフイグゥアン

【地図】老外灘の [★☆☆]
- [ ] 旧中国通商銀行 旧中国通商银行 ジィウチョングゥオトォンシャンインハン
- [ ] 寧波美術館 宁波美术馆ニィンボオメイシュウグゥアン
- [ ] 甬江 甬江ヨォンジィアン
- [ ] 安瀾会館 安澜会馆アァンランフイグゥアン

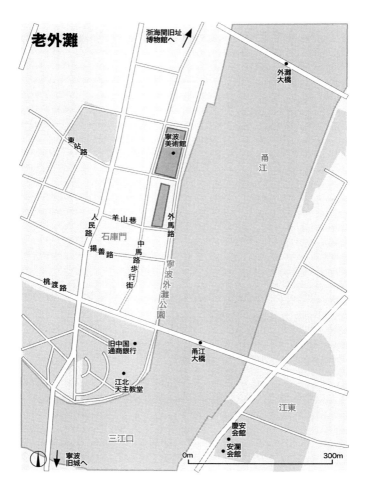

CHINA
浙江省

同様の構造を上海がもっていた)。現在は天主教堂外馬路を中心に植民地建築、西欧と中国様式の融合した石庫門建築が整備、保存されている。

江北天主教堂 江北天主教堂 jiāng běi tiān zhǔ jiào táng
ジィアンベイティエンチュウジャオタァン [★★☆]

1844年に開港された寧波外国人居留地の一角に立つ江北天主教堂。寧波では明末の17世紀からキリスト教徒が訪れ、アヘン戦争後、本格的なキリスト教布教がはじまった。この江北天主教堂は1846年、槐樹路に建てられたのちの1872年、

▲左　寧波の開港で西欧人が進出した寧波外灘公園。　▲右　寧波を代表する近代建築の江北天主教堂

浙江教区のエドモンド（蘇鳳文）によって現在の姿となり、1887年、時計塔（鐘楼）がつけ加えられた。当初、「聖母七苦堂（イエスの母親であることでマリアが受けた7つの苦しみ)」と呼ばれ、寧波に進出した西欧人たちが礼拝に訪れていた。本堂、慈母堂、鐘楼、主教公署、蔵経楼からなる石づくりの教会は、寧波近代建築の代表作にあげられる。

CHINA
浙江省

旧中国通商銀行 旧中国通商银行 jiù zhōng guó tōng shāng yín háng ジィウチョングゥオトォンシャンインハン[★☆☆]

江北天主教堂に隣接して立つ旧中国通商銀行。中国通商銀行は寧波商人が上海に進出してつくった新式の銀行（浙江財閥）を前身とし、1921年に通商銀行寧波分行が成立した。隣の天主教堂とともに寧波老外灘を代表する建物で、ドイツ人の設計で1930年に建てられた。

▲左　西欧と中国様式があわさった長屋、石庫門建築も残る。　▲右　美しい現代建築の寧波美術館

寧波美術館 宁波美术馆 níng bō měi shù guǎn
ニィンボオメイシュウグゥアン ［★☆☆］

2005年に完成し、英語の頭文字をとってNMAの愛称で親しまれる寧波美術館（Ningbo Museum of Art）。展覧会を行なう主展庁はじめ、複数の展覧庁からなり、油絵や水墨画、彫刻のほか現代美術の収蔵や研究、芸術家支援も行なっている。甬江のそばにたたずむ建築は、王澍による設計で「芸術の方舟」をモチーフとする。

CHINA
浙江省

甬江 甬江 yǒng jiāng ヨォンジィアン ［★☆☆］

三江口で余姚江と奉化江が合流し、そこから鎮海で東海に注ぐまでの流れを甬江と呼ぶ。寧波へ来航する船はこの甬江を遡上することになり、水深5～8m、幅400mほどの川幅が25km続く。浚渫の必要のない恵まれた甬江の条件から、寧波は優れた河港となり、大型船も満潮にあわせて寧波霊橋に接岸できた。寧波の発展は甬江の水運によるところが大きく、街の古名「甬」はこの甬江からとられている。

浙海関旧址博物館 浙海关旧址博物馆 zhè hǎi guān jiù zhǐ bó wù guǎn チャアハァイグゥアンジウチイボオウウグゥアン[★☆☆]

宋元明時代、寧波港には市舶司がおかれていたが、倭寇の跳梁を受けて明代末期に海禁策がとられた。時代は清に遷り、鄭成功の鄭氏帰順後の 1686 年、康熙帝は海の関所にあたる浙海関を寧波に定めた。寧波に浙海関の海関総口があり、象山口、乍浦口、温州口などを統括する構造だった（西欧人がしばしば貿易の拡大を求め、浙海関を訪れたが、アヘン戦争まで西欧の窓口は広州一港とされた）。現在の浙海関は寧波開港後の 1861 年に建設され、西欧との貿易事務にあたった。

CHINA
浙江省

アヘン戦争と寧波

15〜17世紀の大航海時代を受けて、西欧列強は明清時代の中国に進出するようになっていた。アヘン戦争（1840〜42年）は、イギリスが「中国茶」を輸入することで出た赤字を、植民地インドの「アヘン」を中国に輸出することで相殺しようとしたことにはじまる。強い態度でアヘンをとりしまった清朝（林則徐）に対し、イギリスは砲艦外交を展開、軍司令官ポッティンジャーは広州から北上して1841年、舟山定海、甬江下流の鎮海に続いて寧波を占領した。その後、舟山から長江へ入り、鎮江で大運河を封鎖し、軍艦が南京にせまった

▲左　甬江の恵みが寧波の発展を支えた。　▲右　寧波から東海、アジア各地へ道は続く

ところで清朝は敗北を認めた。1842年に結ばれた南京条約によって、香港島は割譲され、広州、廈門、福州、寧波、上海が開港された。19世紀以来、イギリスが拠点をおいた上海、香港を中心に中国の近代化がはじまり、両者はわずか150年ほどで、中国を代表する大都市に発展した。

Guide, Jiang Dong
江東城市案内

広大な中国では地域ごとに生産物が異なる
北方の物資と南方の米や茶
これらを運ぶことで寧波人たちは富を得てきた

三江口 三江口
sān jiāng kǒu サァンジィアンコォウ [★★☆]

東海に注ぐ甬江、西から流れる余姚江、南西から流れる奉化江が集まる三江口。寧波の街は、この3つの河川の合流点に開け、河川と運河、月湖の恵みを受けて発展したことから、「三江六塘河、一湖城中に居す」という。この地は唐代前半まで、湿地帯の広がる人の住まない場所だったが、海上交通が盛んになるにつれ、三江口の重要性が高まった。821年、海と後背地双方に通じるこの地に旧城がおかれ、以後、港町としての地位を確固たるものとした（当初、西側の鄞江にあった行

【地図】江東（慶安会館）

【地図】江東（慶安会館）の [★★★]
- ☐ 寧波外灘公園 宁波老外滩公园 ニィンボオラオワイタンゴォンユュエン

【地図】江東（慶安会館）の [★★☆]
- ☐ 三江口 三江口 サァンジィアンコォウ
- ☐ 慶安会館 庆安会馆 チィンアンフイグゥアン
- ☐ 江北天主教堂 江北天主教堂 ジィアンベイティエンチュウジャオタァン
- ☐ 江厦 江厦 ジィアンシャア

【地図】江東（慶安会館）の [★☆☆]
- ☐ 安瀾会館 安澜会馆 アァンランフイグゥアン
- ☐ 七塔寺 七塔寺 チイタアスウ
- ☐ 甬江 甬江 ヨォンジィアン
- ☐ 霊橋 灵桥 リンチャオ

CHINA
浙江省

江東（慶安会館）

Ningbojiucheng

江東城市案内

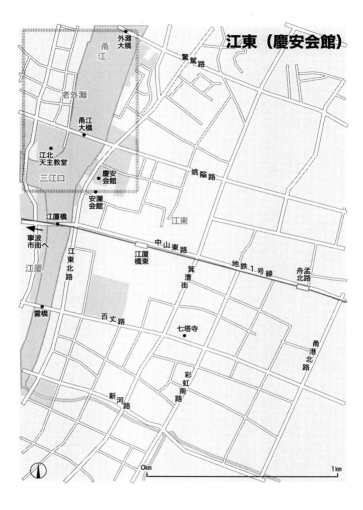

CHINA
浙江省

政府がこちらに遷った)。歴史的寧波港は寧波旧城側にあったが、アヘン戦争後の 1844 年以降、西欧諸国の商社や領事館は江北の埠頭におかれた。

それぞれの天后廟

「海の守り神」媽祖は宋代の福建莆田に実在した巫女で、福建人の海への進出、海上交易の活発化、元、明、清といった王朝の保護を受けたことで、「天后(天の妃)」にまで地位を高めた。寧波の媽祖(天后)廟は宋代の船乗り沈法詢が、東渡門近くの自宅に媽祖をかざったことをはじまりとし、宋元

▲左　3つの流れが集まる三江口。　▲右　慶安会館は寧波の船乗りや商人たちの拠点だった

天妃宮遺址が残っている。各地との船が往来する寧波の波止場には、媽祖をまつる天后廟が複数あり、寧波から北（北洋）をなわばりとする寧波商人の慶安会館、寧波から南（南洋）をなわばりとする寧波商人の安瀾会館、また福建商人の福建会館に媽祖がまつられていた。寧波では媽祖のほかにも、龍神、仏教の「海の守り神」観音、海事に霊験を発揮した官吏鮑蓋（霊応廟）などが信仰されてきた。

慶安会館 庆安会馆
qìng ān huì guǎn チィンアンフイグゥアン ［★★☆］

1853年に建てられ、寧波商人たちが情報交換、互助活動を行なう場だった慶安会館（甬東天后宮）。もともと寧波の波止場は対岸の江厦にあったが、1844年、西欧による江北埠頭の開設もあって、東門口江厦街の天妃宮からわかれて甬東天后宮（慶安会館）が建てられた。慶安とは「海穏やかで安瀾の慶び」という意味で、媽祖をまつる慶安会館には山東、天津と寧波を往来する北洋商人、船乗り、船大工などが集まっていた。この北洋を往来する船や商人集団は寧波でもっとも

▲左 中国赤で彩られた回廊、縁起をかついだ調度品も見える。 ▲右 福建の巫女から皇帝の妃へ、媽祖は世界各地の華僑に信仰されている

大きな力をもったことから、その勢力に比例して慶安会館は寧波最大の天后宮となっていた。現在は慶安会館（北号会館）と南側の安瀾会館（南号会館）をあわせて浙江省最大の天后廟となっているほか、海事民俗博物館として開館している。周囲を壁に囲まれ、軸線上に建物がならぶ中国伝統様式の建築で、柱や回廊には見事な装飾がほどこされ、会館後方に媽祖がまつられている。

浙江省

安瀾会館 安澜会馆
ān lán huì guǎn アァンランフイグゥアン ［★☆☆］

慶安会館に隣接する安瀾会館は、おもに寧波と、福建や広東、東南アジアといった南洋交易を行なう寧波商人たちが拠点としたところ（南号会館）。安瀾という名前は「波瀾を安定させる」からとられている。前戯台から大殿、奥の後戯台とつらなり、行事ごとに演劇が催され、人びとを楽しませた。

郷土とギルド会館

人びとの生活に必要な塩をおさえた華北の山西商人と、華中

の新安(安徽)商人が、明清時代を通じて勢力をにぎっていたが、近代、上海を拠点とした西欧の進出とともに寧波商人が存在感を示すようになった。小さな県城のあるばかりだった上海には、純粋な上海人はほとんどおらず、江南各地から移民が進出し、そのなかの3割を寧波人がしめたという。寧波人は18世紀から上海に進出していたが、とくに1850年代の寧波商人は、あらゆる商売の資金を捻出する銭業を中心に急速に力をつけた(現在も上海に残る四明公所は寧波人の互助組織で、教育や仕事の斡旋、葬式の面倒を見たという)。こうした流れは長らく港町寧波で力をつけていた寧波商人

CHINA
浙江省

が、新たな舞台に活躍の場を移して、上海を発展させたとも見られている。19〜20世紀初頭、寧波商人は西欧の銀行や商社と中国人のあいだにたつ買弁という立場から新興の浙江財閥を形成し、その資金力をもとに蒋介石(寧波南西の奉化出身)は中国全土に号令をかけた。

北号と、南号と

緯度の異なる南北でとれる物産を運ぶ京杭大運河は、長らく中国経済の生命線だったが、やがて海上交通がそれに代わるようになった。清代、寧波港から北に向かって、お茶や綿花、

▲左　季節の行事では、演劇が催された天后廟。　▲右　江東の露店、江東は阿育王寺や天童寺への足がかりになる

薬材、紹興酒が輸出され、鎮江から穀物が、福建から木材が寧波に輸入されていた。寧波を起点にして、北洋と南洋は海の状態が大きく異なり、北洋を専門とする「北号」と南洋を専門とする「南号」がそれぞれ活躍した。北洋は黄河や長江のはき出す土砂から遠浅で、座礁する可能性が高いため、喫水の浅い平底船が活躍した（暗礁に乗りあげても横転しない）。一方、南洋では東南アジアなど遠くまで安定して航海できるよう喫水が深く、荒波を切りさけるとがった船首をもつ南船が行き交った。北洋と南洋の交わる地の利をもったのが寧波で、この港は浙東運河から京杭大運河を通じて中国内

CHINA
浙江省

陸部を後背地としていた。

七塔寺 七塔寺 qī tǎ sì チイタアスウ［★☆☆］

寧波旧城対岸の甬東に立ち、天童寺、阿育王寺、延慶寺（観宗寺）とともに浙東四大叢林のひとつを構成する七塔寺。唐代の858年に建立され、当時の寧波官吏であった任景求が邸宅を仏教寺院とした。明の朱元璋（1328～98年）は倭寇対策から「舟山信国公湯和が島」の島民を寧波に移住させ、普陀山の僧侶と観音像もこの寺に遷した（そのため小普陀、補陀寺とも呼ばれた）。東津禅院、栖心寺、崇寿寺と寺名を変

えてきたが、1682年、七基の宝塔が建立され、七塔寺という名前が定着した。文革で破壊をこうむって以後、1980年代から復興が進み、天王殿と大雄宝殿、舎利塔を安置する舎利殿といった伽藍が展開する。

寧波南塘老街 宁波南塘老街
níng bō nán táng lǎo jiē ニンボオナァンタァンラオジエ

寧波旧城の南門外から運河にそって整備された寧波南塘老街。木造の牌楼や江南の街並みなど、古い時代の寧波の面影が残る歩行街となっている。

室町遣明使と寧波の乱

明と室町幕府のあいだで行なわれた勘合貿易
朝貢使節を受け入れる明と
文化を摂取し、利益拡大を狙う日本の思惑があった

遣明使の到着と出発

明を樹立した朱元璋(1328〜98年)は、中国沿海部を荒らす倭寇のとり締まりを求めて1372年、寧波天寧寺の僧仲猷祖闡を日本に派遣している。倭寇対策から明と室町幕府は「勘合(符)」を使った貿易を行ない、日本の遣明使を受け入れる中国側の窓口は寧波におかれた(中国側からは朝貢使節)。東海を横断した日本の使節は、海が長江などの泥で黄色くなると中国に到着したと感じ、そこから甬江をさかのぼって寧波霊橋門あたりで上陸した。遣明使はもちもののチェックを受け、浙江市舶司安遠駅(嘉賓館)に滞在して北京への上京

CHINA
浙江省

許可を待った。その後、月湖の四明駅から船に乗り、浙東運河をさかのぼって杭州、そこから京杭大運河を伝わって皇帝のいる北京へ向かった。遣明使の正式な使節(外交官)は、中国語の堪能な京都五山の僧がにない、使節が寧波と北京を往復するあいだに日本の商人たちは寧波で貿易を行なった。また遣明使の一員として、北京と寧波に数か月ずつ滞在した雪舟は中国各地を描いた水墨画を残している。

▲左 次々に新しい建物が立つ。　▲右 平安時代から日本人に親しまれてきた寧波(ニンポー)

室町時代、寧波の乱まで

寧波の乱は、室町時代の日本で対立を続けていた細川氏と大内氏の争いが、1523年、遣明使をめぐって寧波で爆発した事件。1467〜77年まで続いた応仁の乱は終わったものの、摂津を拠点とする細川氏(応仁の乱の東軍)と九州を拠点とする大内氏(西軍)の対立は続いていた。当時、室町幕府の弱体化を受けて、細川氏と大内氏が遣明使を実質的にになり、日明貿易では莫大な利益を得られたことから、両者の主導権争いが続いていた。

CHINA
浙江省

寧波の乱とその後

明との貿易に必要な「勘合」をもつ大内船の派遣計画が決まると、細川氏はすでに無効になっていた「古い勘合」を入手し、さらに明人の宋素卿を陣営にとりこんで寧波へ向かった。1523年、先に寧波に着いた大内船に対して、あとから着いた細川船は賄賂を使った宋素卿のはからいで陸揚げを先にすませ、石板巷嘉賓館の席順も細川氏側をうえにした。これに激怒した大内氏側が、細川船を焼き討ち、寧波旧城も炎上させて明や寧波の人びとを戦慄させた（逃げる宋素卿を紹興まで追っていった）。この寧波の乱は、中国側からは「日

室町遣明使と寧波の乱

Ningbojiucheng

本人が争って朝貢を行おうとした」寧波争貢事件と呼ばれる。1523年の寧波の乱を受けて、日本が明に来航する年次、人数制限が課され、1524年から頻繁に海禁令が出されることになった。寧波の乱後に最初の遣明使となった策彦周良らは、乱で生命を落とした人びとを供養する水陸会を寧波旧城の延慶寺と寿昌寺で行なっている。また明は日本の情報収集と研究を進め、『日本考略』が編纂された。

参考文献

『中国の歴史散歩 3』(山口修・鈴木啓造 / 山川出版社)

『文化都市寧波』(早坂俊廣編 / 東京大学出版会)

『くらしがつなぐ寧波と日本』(高津孝編 / 東京大学出版会)

『寧波と宋風石造文化』(山川均編 / 汲古書院)

『寧波と博多』(秦惟人 / 国際文化研究所論叢)

『中国都市史』(斯波義信 / 東京大学出版会)

『海上の道』(斯波義信 / 東京大学出版会)

『支那文化史蹟第 4 輯』(常盤大定・関野貞 / 法蔵館)

『宋代明州城の復元図作成にむけて』(山崎覚士 / 海港都市研究)

『道元』(山折哲雄 / 清水書院)

『寧波における基督教の伝来とその史的展開』(周知・李広志 / 東洋史訪)

『寧波海神信仰の源流とその史的展開』(李広志 / 東洋史訪)

『世界大百科事典』(平凡社)

[PDF] 寧波地下鉄路線図 http://machigotopub.com/pdf/ningbometro.pdf

まちごとパブリッシングの旅行ガイド
Machigoto INDIA , Machigoto ASIA , Machigoto CHINA

【北インド - まちごとインド】

001 はじめての北インド
002 はじめてのデリー
003 オールド・デリー
004 ニュー・デリー
005 南デリー
012 アーグラ
013 ファテープル・シークリー
014 バラナシ
015 サールナート
022 カージュラホ
032 アムリトサル

【西インド - まちごとインド】

001 はじめてのラジャスタン
002 ジャイプル
003 ジョードプル
004 ジャイサルメール
005 ウダイプル
006 アジメール(プシュカル)
007 ビカネール
008 シェカワティ
011 はじめてのマハラシュトラ
012 ムンバイ
013 プネー
014 アウランガバード
015 エローラ
016 アジャンタ
021 はじめてのグジャラート
022 アーメダバード
023 ヴァドダラー(チャンパネール)

024 ブジ(カッチ地方)

【東インド - まちごとインド】

002 コルカタ
012 ブッダガヤ

【南インド - まちごとインド】

001 はじめてのタミルナードゥ
002 チェンナイ
003 カーンチプラム
004 マハーバリプラム
005 タンジャヴール
006 クンバコナムとカーヴェリー・デルタ
007 ティルチラパッリ
008 マドゥライ
009 ラーメシュワラム
010 カニャークマリ
021 はじめてのケーララ
022 ティルヴァナンタプラム
023 バックウォーター(コッラム〜アラップーザ)
024 コーチ(コーチン)
025 トリシュール

【ネパール - まちごとアジア】

001 はじめてのカトマンズ
002 カトマンズ
003 スワヤンブナート

004 パタン
005 バクタプル
006 ポカラ
007 ルンビニ
008 チトワン国立公園

【バングラデシュ - まちごとアジア】

001 はじめてのバングラデシュ
002 ダッカ
003 バゲルハット（クルナ）
004 シュンドルボン
005 プティア
006 モハスタン（ボグラ）
007 パハルプール

【パキスタン - まちごとアジア】

002 フンザ
003 ギルギット（KKH）
004 ラホール
005 ハラッパ
006 ムルタン

【イラン - まちごとアジア】

001 はじめてのイラン
002 テヘラン
003 イスファハン
004 シーラーズ
005 ペルセポリス
006 パサルガダエ（ナグシェ・ロスタム）
007 ヤズド
008 チョガ・ザンビル（アフヴァーズ）
009 タブリーズ

010 アルダビール

【北京 - まちごとチャイナ】

001 はじめての北京
002 故宮（天安門広場）
003 胡同と旧皇城
004 天壇と旧崇文区
005 瑠璃廠と旧宣武区
006 王府井と市街東部
007 北京動物園と市街西部
008 頤和園と西山
009 盧溝橋と周口店
010 万里の長城と明十三陵

【天津 - まちごとチャイナ】

001 はじめての天津
002 天津市街
003 浜海新区と市街南部
004 薊県と清東陵

【上海 - まちごとチャイナ】

001 はじめての上海
002 浦東新区
003 外灘と南京東路
004 淮海路と市街西部
005 虹口と市街北部
006 上海郊外（龍華・七宝・松江・嘉定）
007 水郷地帯（朱家角・周荘・同里・甪直）

【河北省 - まちごとチャイナ】

001 はじめての河北省
002 石家荘
003 秦皇島
004 承徳
005 張家口
006 保定
007 邯鄲

【江蘇省 - まちごとチャイナ】

001 はじめての江蘇省
002 はじめての蘇州
003 蘇州旧城
004 蘇州郊外と開発区
005 無錫
006 揚州
007 鎮江
008 はじめての南京
009 南京旧城
010 南京紫金山と下関
011 雨花台と南京郊外・開発区
012 徐州

【浙江省 - まちごとチャイナ】

001 はじめての浙江省
002 はじめての杭州
003 西湖と山林杭州
004 杭州旧城と開発区
005 紹興
006 はじめての寧波
007 寧波旧城
008 寧波郊外と開発区
009 普陀山
010 天台山
011 温州

【福建省 - まちごとチャイナ】

001 はじめての福建省
002 はじめての福州
003 福州旧城
004 福州郊外と開発区
005 武夷山
006 泉州
007 厦門
008 客家土楼

【広東省 - まちごとチャイナ】

001 はじめての広東省
002 はじめての広州
003 広州古城
004 天河と広州郊外
005 深圳（深セン）
006 東莞
007 開平（江門）
008 韶関
009 はじめての潮汕
010 潮州
011 汕頭

【遼寧省 - まちごとチャイナ】

001 はじめての遼寧省
002 はじめての大連
003 大連市街
004 旅順
005 金州新区

006 はじめての瀋陽
007 瀋陽故宮と旧市街
008 瀋陽駅と市街地
009 北陵と瀋陽郊外
010 撫順

【重慶 - まちごとチャイナ】

001 はじめての重慶
002 重慶市街
003 三峡下り（重慶〜宜昌）
004 大足

【香港 - まちごとチャイナ】

001 はじめての香港
002 中環と香港島北岸
003 上環と香港島南岸
004 尖沙咀と九龍市街
005 九龍城と九龍郊外
006 新界
007 ランタオ島と島嶼部

【マカオ - まちごとチャイナ】

001 はじめてのマカオ
002 セナド広場とマカオ中心部
003 媽閣廟とマカオ半島南部
004 東望洋山とマカオ半島北部
005 新口岸とタイパ・コロアン

【Juo-Mujin（電子書籍のみ）】

Juo-Mujin 香港縦横無尽
Juo-Mujin 北京縦横無尽
Juo-Mujin 上海縦横無尽

【自力旅游中国 Tabisuru CHINA】

001 バスに揺られて「自力で長城」
002 バスに揺られて「自力で石家荘」
003 バスに揺られて「自力で承徳」
004 船に揺られて「自力で普陀山」
005 バスに揺られて「自力で天台山」
006 バスに揺られて「自力で秦皇島」
007 バスに揺られて「自力で張家口」
008 バスに揺られて「自力で邯鄲」
009 バスに揺られて「自力で保定」
010 バスに揺られて「自力で清東陵」
011 バスに揺られて「自力で潮州」
012 バスに揺られて「自力で汕頭」
013 バスに揺られて「自力で温州」

【車輪はつばさ】
南インドのアイラヴァテシュワラ寺院には建築本体に車輪がついていて寺院に乗った神さまが人びとの想いを運ぶと言います。

- 本書はオンデマンド印刷で作成されています。
- 本書の内容に関するご意見、お問い合わせは、発行元の
  まちごとパブリッシング info@machigotopub.com までお願いします。

まちごとチャイナ
浙江省007寧波旧城
～浙東の千年「波止場」［モノクロノートブック版］

2017年11月14日　発行

著　者	「アジア城市（まち）案内」制作委員会
発行者	赤松　耕次
発行所	まちごとパブリッシング株式会社 〒181-0013　東京都三鷹市下連雀4-4-36 URL　http://www.machigotopub.com/
発売元	株式会社デジタルパブリッシングサービス 〒162-0812　東京都新宿区西五軒町11-13 清水ビル3F
印刷・製本	株式会社デジタルパブリッシングサービス URL　http://www.d-pub.co.jp/

MP141

ISBN978-4-86143-275-0 C0326　　　　Printed in Japan
本書の無断複製複写（コピー）は、著作権法上での例外を除き、禁じられています。